AF602374

LE GÉNIE DE LA NATION,
OU
LES MORALITÉS PITTORESQUES,
PIÈCE HÉROI-COMIQUE EN VAUDEVILLES.

PAR M. OLIVET.

Et se trouve à PARIS;
Chez tous les Marchands de Nouveautés.
De l'Imprimerie de CAILLEAU, rue Galande No. 64.

1789.

A MESSIEURS
LES ÉLECTEURS
DE LA VILLE DE PARIS.

O vous que l'avenir choiſira pour modèles,
D'un peuple vertueux Repréſentans fidèles,
Citoyens raſſemblés du ſein des Citoyens,
Qui d'un ſiècle d'erreur ont briſé les liens,
D'un hommage pompeux étalant l'harmonie,
Que ne puis-je, en des Vers, avoués du génie,
Apprendre à nos neveux étonnés & jaloux,
S'ils ſont libres encor, qu'ils le doivent à vous!
Fier d'avoir à marquer de ſi nobles images,
Du bruit de vos vertus j'inſtruirais leurs courages:
Heureux ſous le laurier qui vous eſt mérité,
De vous ſuivre de loin à l'immortalité.
Mais, de ces vains déſirs calmant l'effervescence,
Je ſens de mes moyens la fatale impuiſſance.

Qui pourrait en effet décrire vos travaux?
Un héros seulement peut peindre des héros.
Je ne puis que former des souhaits inutiles,
Et laisser cet honneur à des mains plus habiles.

L'Ouvrage, qu'aujourd'hui j'ose vous présenter,
Vous en ferez le prix en daignant l'accepter.

En peignant le Français tel qu'il était n'aguère,
J'ai de quelques erreurs marqué son caractère:
J'ai montré du jaloux les frivoles efforts;
L'avare dont le fils dissipe les trésors;
J'ai fait voir des joueurs la perfide finesse,
Et l'amant, qui quittant une belle maîtresse,
Court dans les bras d'un autre, habile en faussetés,
Acheter des plaisirs mille fois achetés.

Mais bientôt, de nos jours contemplant les merveilles,
A chanter ses vertus j'ai consacré mes veilles.
J'ai montré de D'ASSAS l'héroïque valeur:
D'ASSAS, qui vient d'avoir plus d'un imitateur.
Mes Vers ont célébré cette troupe aguerrie,
Ces gardes, à jamais l'honneur de leur patrie,
Qui, honteux du marché qu'on osait leur offrir,
En pouvant nous piller ont osé nous servir;

Et ces héros bourgeois, qui tous, pleins de courage,
Ont arrêté le crime au moment du carnage.

Puis, suivant de mon cœur l'impérieuse Loi,
Au Roi *qui nous conquit* j'ai comparé mon Roi :
Mon Roi qui lui ressemble & qu'un peuple fidèle
A reconquis du sein d'une secte cruelle ;
J'ai célébré ce Prince émule de Henry ;
J'ai jetté dans ses bras le morderne SULLY,
Et du bonheur Français, symbolisant le gage,
Des ordres réunis j'ai présenté l'image.

Héros de mon pays ! célébrer vos bienfaits,
C'est le plaisir d'un cœur patriote & Français !

PERSONNAGES.

LE GÉNIE DE LA NATION.

UN VIEILLARD.

UNE JEUNE COQUETTE.

UN JOUEUR.

UNE BERGERE.

UN AVARE.

UN PLAIDEUR.

UN GUERRIER & sa suite.

UN JEUNE PRINCE.

UN GRENADIER.

UNE POISSARDE.

La scène se passe dans le Palais du Génie.

LE GÉNIE DE LA NATION,

PIÈCE HÉROI-COMIQUE.

Le Théâtre représente le Vestibule du Palais du Génie.

Au lever de la toile, on le voit assis sur un trône élevé sur l'un des côtés. L'Orchestre joue : Quel beau jour se dispose. *Et* On vit sortir d'une grotte profonde.

Ire. ENTRÉE.

Un Vieillard entre, marié depuis peu, il craint le sort trop commun aux maris de son âge; il vient ineerroger le Génie, & lui demander des éclaircissements sur ce qu'il voudroit; mais qu'il redoute de savoir.

LE VIEILLARD.

Air : *du Confiteor.*

Un pauvre mari soupçonneux
Vient implorer ton assistance ;
Sur son évènement douteux,
Montre-lui ce qu'il faut qu'il pense *bis.*
Il craint, hélas ! . . . que quelque affront
Ne releve en bosse sont front. *bis.*

Le Génie, prompt à exaucer ses vœux, lui fait voir dans le tableau suivant ce qu'il doit en penser. A un signe qu'il fait, le fond s'ouvre ; il ne reste plus qu'un grand cadre, où des personnes groupées forment le tableau qui suit :

Un Vieillard assis examine le portrait de sa femme & le sien qu'il fait faire, tandis que le Peintre, profitant de cette distraction, donne un baiser à son épouse, qui est penché derrière lui, & lui glisse une lettre.

Ce tableau est connu sous le nom des deux baisers.

LE GÉNIE.

Air : *A la façon de Barbarie.*

Ne craignez rien, Monsieur Bonneau,
Ne soyez pas en peine ;
Vous mettrez toujours le chapeau
Sans que le bord vous gêne,

Je vous dis cela tout de bon,
La faridondaine, la faridondon,
Je sais que vous êtes chéri,
Biribi,
A la façon de Barbari,
Mon Ami.

Le Vieillard se dépite, & sort en frappant des pieds.

Sur l'Air : *Ah ! il m'en souviendra.*

IIe. ENTRÉE.

Une jeune Coquette arrive : c'est le bonheur qu'elle cherche ; elle vient le demander au Génie.

LA COQUETTE.

Air : *L'amour est un enfant trompeur.*

J'AI cherché par-tout le bonheur,
A Paphos, à Cythère,
Mais ces plaisirs sont, pour le cœur,
Une vaine chimère.
Dites-moi, puissant Enchanteur,
Pour arriver au vrai bonheur,
Comment faut-il donc faire ? *bis*

Le Génie fait paroître le tableau ſuivant:

Une jeune payſanne aſſiſe, entourée de trois petits enfants qui l'embraſſent, donne à tetter à un quatrième qu'elle tient ſur ſes genoux. Son mari entre, qui contemple ce ſpectacle avec attendriſſement.

Ce tableau eſt imaginé d'après l'eſtampe intitulée, l'heureux Ménage.

LE GÉNIE.

Air: *L'amitié vive & pure.*

Contemple cette image,
Elle eſt celle du bonheur.
D'un innocent hommage,
Sens-tu toute la douceur?
Vois cette ſenſible mère
Preſſer ſes petits enfants!
Le plaiſir que l'on préfère,
Vaut-il de ſi doux inſtants?

La Coquette, attendrie de ce ſpectacle ſort, en promettant de renoncer à ſes erreurs. Sur l'Air: *Qu'il eſt doux de dire en aimant* &c.

IIIe. ENTRÉE.

Un Joueur, en déſordre, entre; il vient conſulter le Génie, & lui demander des raiſons du malheur qui le pourſuit.

LE JOUEUR.

Air : *l'Eternel à l'instant entra.*

Chanson des Saints.

Au jeu j'ai beaucoup de bonheur,
Et cependant je perds sans cesse.
Dites-moi, puissant enchanteur,
Pourquoi suis-je dans la détresse ?
Pour moi je vois tout parier,
Je dois gagner, je dois gagner,
Toujours c'est mon tour de payer.

Le fond s'ouvre : on voit le tableau qui suit :

Un jeune homme, confiant & novice, jouant aux cartes contre un escroc. Derrière sa chaise, un homme qui paroît le conseiller, par un signe qu'il fait au-dessus de sa tête, découvre son jeu à son adversaire, tandis que celui-ci lui fait connoître le sien en lui montrant une de ses cartes.

Ce tableau est pris d'une estampe Angloise, assez connue, ayant pour titre, The gamesteres, *les Joueurs.*

LE GÉNIE.

Air : *Qu'il est heureux notre ami Bêche.*

Veux-tu savoir par quelle adresse
Quoiqu'avec le jeu le plus beau,
Loin de gagner tu perds sans cesse ?

Jette les yeux sur ce tableau,
De deux frippons vois la finesse,
Déteste un penchant séducteur,
Et garde ton bien & ton honneur. *bis.*

Le Joueur, frappé de la leçon, déchire de dépit les cartes qu'il avoit dans sa poche, & sort avec promesse de ne plus jouer. Sur l'Air : *Le malheur me rend intrépide.*

IVe. ENTRÉE.

C'est une jeune bergère qui entre. Elle craint que son amant n'oublie loin d'elle les serments qu'il lui a faits ; c'est pour s'en informer qu'elle vient interroger le Génie.

Sa demande est conçue en ces termes :

LA BERGERE.

Air : *Cœurs sensibles, cœurs fidèles, de* Figaro.

ÉCOUTEZ une bergère,
Et soulagez son tourment.
Faut-il encor qu'elle espère
Le retour de son amant ?
Dites, si je lui suis chère
Et s'il garde loin de moi
Le souvenir de ma foi. *bis.*

On voit paroître le tableau suivant :

Une courtisanne assise sur un sopha. Un jeune étourdi lui présente une bourse qu'elle reçoit d'une main, tandis que de l'autre elle lui fait les cornes. Un homme mal mis, caché derrière le sopha, le montre au doigt, en riant.

Ce tableau est d'idée.

LE GÉNIE.

Air : *Jupiter prête-moi ta foudre.*

Oubliant le nœux qui l'engage,
Ce jeune étourdi, sans pudeur,
Loin d'une amante qu'il outrage,
Prodigue son bien & son cœur.

Épris d'une fatale ivresse,
Souvent, en cherchant le plaisir,
On quitte une belle maîtresse
Pour acheter un repentir.

LA BERGERE.

Air : *Quand le bien aimé reviendra.*

Le cruel trahit donc mon cœur,
Où l'amour gravoit son image !
Ne me montroit-il plus d'ardeur,
Que pour être plutôt volage !
Que dois je craindre ? *bis*
Hélas ! helas !
L'ingrat ne reviendra-t-il pas ? *bis*

Le Génie lui fait signe que non. Elle se désole & sort.

Sur l'air : *Peut on affliger ce qu'on aime.*

Ve. ENTRÉE.

Un Vieillard arrive. C'est un Avare. Il vient pour s'informer de ce qui suit :

L'AVARE.

Air : *Ou allez-vous Monsieur l'Abbé ?*

DITES-moi, puissant Magicien,
Que fera-t-on de tout mon bien ?
J'ai mis maille sur maille.

LE GÉNIE.

Eh bien ?

L'AVARE.

S'il faut que je m'en aille,
Vous m'entendez bien ?

Le fond s'ouvre.

D'un côté un Avare, coëffé d'un bonnet verd, pèse des espèces d'or à un trébuchet. De l'autre côté un jeune élégant à table avec trois courtisannes, qui lui versent gaiement à boire, montre au doigt le pauvre vieillard, à qui, pour tout repas, on présente un verre d'eau avec un morceau de pain.

L'idée de ces deux extrêmes est prise de l'éloge de la folie.

LE GÉNIE.

Air : *Voilà les portraits à la mode.*

Voyez vous cet infâme usurier,
Son fils qui fait un autre métier ;
Si l'un outrage, & se fait payer ;
L'autre paye afin qu'on l'outrage.
Le père agit sans humanité ;
Le fils agit sans honnêteté ;
Le bien qu'on gagne sans équité ;
Se perd dans le libertinage.

Le tableau disparaît.

L'AVARE.

Air : *Du père Barnabas.*

Ah ! mon franc libertin,
Tu fais donc bonne chère ;
Tu prodigues le vin,
Quand je me plains l'eau claire !
Mais, morbleu, laisse faire,
Mon bien n'est pas pour toi :
J'aimerois mieux, sous terre,
L'emporter avec moi.

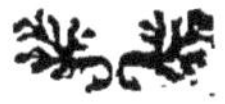

LE GÉNIE.

AIR : *Voilà les portraits à la mode.*

Ecoutez, mon cher Monsieur Grapin
Ce n'est pas avoir un bon dessein ;
Il faudrait faire de votre bien,
Un plus digne & plus noble usage.
Ayez un cœur tendre & généreux ;
Versez vos biens sur les malheureux ;
Vous deviendrez alors plus heureux,
Et votre fils sera plus sage.

L'Avare sort sur l'AIR : *Ah mon Dieu ! que je l'échappé belle*

VIe. ENTRÉE

Un homme, habillé de noir, mais qui paraît dans la misere, entre. C'est un plaideur. Il a perdu son procès, il vient consulter le Génie, & lui en demande les raisons.

LE PLAIDEUR.

AIR : *Du haut en bas.*

Du haut en bas,
L'on traite donc à l'Audience ?
Du haut en bas,

Ecoutez

Écoutez de grace mon cas.
N'est-ce pas une conscience,
De me jetter, par la sentence,
Du haut en bas.

Du haut en bas,
Il faut que je me justifie,
Du haut en bas :
J'y perdrai plutôt mes deux bras.
Apprenez-moi, je vous en prie,
Comment terrasser ma patrie,
Du haut en bas.

Le tableau suivant paraît :

Un Procureur à son bureau. Une jeune Sollici-teuse, assise à sa droite, l'amadouë. Il la tient embrassée d'une main ; de l'autre il reçoit une bourse que lui présente un homme de bout, & dans une posture suppliante. Dans le fond, un Laquais chasse un Plaideur importun.

Ce Tableau est d'idée.

LE GÉNIE.

AIR : *D'un bouquet de romarin.*

Si vous plaidez par malheur
Avec une belle,
Arrangez-vous de bon cœur,
D'abord avec elle.

Souvenez-vous, mon ami,
De ce tableau que voici;
Et prenez le bon parti,
Sans chercher querelle.

Le Tableau disparaît. Le Plaideur se chagrine, sur l'AIR : *Du haut en bas.* Mais le Génie l'attire au bord de la Scène & lui dit à voix basse :

LE GÉNIE.

AIR : *Ton humeur est Catherine.*

Ce tableau, dont tu t'affliges,
Est au moment de finir;
Je puis déjà, sans prestiges
Te dévoiler l'avenir.
Nous touchons au tems propice,
Où le malheureux client
Pourra demander justice
Sans femmes & sans argent.

LE PLAIDEUR.

AIR : *La bonne aventure.*

De quel heureux changement,
Votre voix m'assure!
Comment! plaider sans argent!
Est ce chose sûre?

Oui !
Vous verrez, à plain gosier,
Que les Normands vont crier
La bonne avanture,
ô gué !
La bonne aventure.

Il sort en sautant de joie.

VIIe. ENTRÉE.

Un jeune Militaire, accompagné de plusieurs Soldats, entre. Il exprime ses desirs en ces vers :

LE MILITAIRE.

AIR : *La beauté fait toujours voler à la victoire.*

Mon cœur est enflammé de l'amour de la gloire,
Servir mon Roi c'est ma félicité ;
Enseignez moi le moyen redouté,
Pour toujours sur mes pas . . . de fixer la victoire.

LE GÉNIE.

Même air.

Si ton cœur est vraiment enflammé par la gloire ;
Tu marcheras à l'immortalité
Sers ton Pays, ton Prince & l'équité,
Voilà le beau sentier . . . qui mène à la victoire.

Le Chevalier d'ASSAS, renversé sur un tronc d'arbre ; deux Soldats ennemis lui enfonçant leur bayonnette dans le corps, plusieurs fuyant, tandis que des Soldats Français, sortant de l'épaisseur du bois, semblent venir au secours de leur Colonel. Sur le tronc d'arbre on lit : *Auvergne, à moi ! ce sont les Ennemis.*

LE GÉNIE.

Air : *Un Soldat par un coup funeste.*

SOLDAT, voila le vrai modèle
Que tu dois offrir à ton cœur ;
Jamais, une action si belle
N'avoit illustré la valeur
CET appui du Trône :
Illustre son nom à jamais . . . .
Mais pourquoi donc, cet exploit vous étonne ?
D'ASSAS n'étoit-il pas Français ?
D'ASSAS n'étoit-il pas Français !

Le tableau disparaît, LE GÉNIE se met au milieu des Soldats & s'adressant à eux continue.

Même air.

GARDES du peuple & du Monarque,
Soldats, pleins de gloire & d'honneur,
Vous donnez la plus grande marque
De la véritable valeur ;

BRAVES, mais ſinceres
Bons Citoyens, ſoumis ſujets,
Vous répandez votre ſang pour vos freres!
Voilà la gloire des Français! *bis.*

LE jeune GUERRIER, qu'enflamment ces vers, porte la main à ſon épée, il la tire; les Soldats l'imtent; ils jurent de ne s'en ſervir que pour la defence de la Patrie.

LE MILITAIRE.

Air: *Cet oracle eſt plus ſûr que celui de Calchas.*

AMIS! jurons pour la Patrie,
S'il le faut, de perdre la vie;
Et pour la liberté d'armer toujours nos bras.

LE GÉNIE.

LE beau ſerment, qui vous engage,
Eſt digne du noble courage
Que des murs rédoutés n'épouvanterent pas.

Tous miment l'air: *eſt-il un ſort plus glorieux!* Le Militaire & ſa ſuite ſortent.

VIIIe. ENTRÉE.

Un jeune Prince, habillé à la Grecque, entre. Destiné à gouverner de vastes Etats, il vient prendre des leçons du Génie de la Nation.

LE PRINCE.

Air : *Jeune & novice encore.*

Roi d'un peuple sensible,
Je cherche le bonheur ;
Tout me paraît possible,
Dans cet espoir flatteur.
Je sais combien il m'aime,
Et je veux, à mon tour,
En m'instruisant moi-même,
Lui prouver mon amour.

LE GÉNIE.

Même air.

Prince, ce noble zèle
Est bien digne de toi ;
Roi d'un Peuple fidèle,
Sois certain de sa foi.
Les Bourbons vont te dire
Comme il faut gouverner ;
Eux seuls peuvent t'instruire
Au grand art de regner.

Le tableau suivant paraît.

Une femme & des enfants à demi nuds, couchés sur la paille. Un homme, enveloppé d'un manteau, leur donne une bourse. La Femme, à genoux, la reçoit d'une main, de l'autre, elle lui montre ses enfants.

LE PRINCE.

Air : *Je l'ai planté, je l'ai vu naître.*

QUI vient au sein de l'indigence,
Rendre ces malheureux au jour ?
Je sens mon cœur, en sa présence,
Tressaillir de joie & d'amour.

LE GÉNIE.

Même air.

SOUS ce manteau la bienfaisance
D'un Prince cache les faveurs.
Si le respect force au silence,
Son nom retentit dans les cœurs.

SCÈNE CACOPHONIQUE.

A cet endroit une Poissarde se leve des loges & crie :

Tiens .... ce Monsieur qui garde le silence.... Eh ! Parlez-donc, Monsieur du silence, avec votre respect, pourquoi pas nommer not'bon Roi, puisque c'est lui ?...., Est-ce que vous avez peur de vous écorcher le gosier ? Et pardi, voyez donc ! le grand mal ! de l'abondance du cœur, la bouche parle ; pas vrai, ma Commere ? Stilà qui fait le bien, qu'eu grand qu'il soit, faut qu'on le nomme.

Air : *Je l'ai planté.*

C'EST Louis, ce sensible Pere,
Ce Roi chéri de ses sujets ;
Le Français, qui le considere,
Le connaît sans peine à ces traits. . . *bis.*

Au même instant un Garde Françaîse se leve du Parterre & s'adresse à la Poissarde.

LE GARDE.

Ma bonne, c'est bien dit : chacun connaît sans peine, à ces traits généreux un Monarque chéri.

AIR : *A minuit, cachez-moi vos charmes.*

CE grand Roi, chéri de la France,
Comble ses sujets de faveurs. . . . *bis.*
Leur force est dans son assistance ;
Et son pouvoir. . . . est dans leurs cœurs. , *bis.*

LA POISSARDE.

Ah ! oui, Monsieur le Militaire, c'est ben dans le cœur qu'est son pouvoir : fallait voir ça, quand il vint ce bon Roi. . . . . tous ces Messieurs qui vouloient nous boucher le chemin . . . Eh laissez donc ! est-ce qu'on ne peut pas donner un bouquet à sa Majesté ? . . il le reçut dà . . . & de bon cœur . . . Oh ça ! . . C'est qu'il était donné de même.

Air : *A minuit.*

JAMAIS il n'eut si bonne garde,
Que le jour où de notre main. . . . *bis.*
Il daigna prendre la Cocarde
Qui le rendit . . . Roi Citoyen. . . . *bis.*

LE GARDE.

Oui j'en étais, je puis le dire. Mille bombes ! quel beau jour. . . Comme le cœur nous battait. . ! . . Je n'aurais pas donné mon poste pour devenir Colonel. . . . C'est que jamais on ne l'avait si bien vu le Roi.

AIR : *Jupiter prête-moi ta foudre.*

PRESSÉ de sujets pleins de zèle,
Il marchoit certain de leur foi :
Le concours d'un peuple fidèle
Est la famille d'un grand Roi. . . . *bis.*

LA POISSARDE.

Bien dit, . . . & d'un bon Pere . . . mais ne parlons pas tant ce soir, laissons les finir cette affaire.

LE GARDE.

Oui, mais ce soir nous boirons à sa santé, au Pavillon Royal.

LE PRINCE.

AIR : *Pourriez-vous bien douter encore.*

CE Roi pourrait-il ne pas croire,
A toute sa félicité ?
Un cœur, qui se forme à sa gloire,
Sort du sein de la liberté !

LE GÉNIE.

LAS d'un joug qui le deshonnore,
Ce peuple fier reprend ses droits ;
Brise ses fers ; mais serre encore
Le nœud qui l'unit à ses Rois. . . . *bis.*

TERRIBLE un moment, il s'apprête
A terrâsser ses ennemis ;
Mais bien-tôt plus doux, il s'arrête,
Content de les avoir soumis.
Envain le Despotisme gronde
Il tient ses remparts de son sang.

Ensemble.

C'est le premier peuple du monde
Qui peut lui disputer ce rang ? . . *bis.*

Le fond s'ouvre, on voit :

SULLY apportant à Henri IV l'argent de ses bois.

Ce tableau, pris de l'estampe qui porte son nom, est assez connu.

LE GÉNIE.

AIR : *O ma tendre musette.*

D'UN Ministre équitable,
Vois cet excès d'amour,
Son zèle infatigable
Augmente chaque jour.
Sous ce jeu de théâtre,
Sans peine, on voit ici,
Louis dans Henry quatre,
Et Necker dans Sully.

LE PRINCE.

Même air.

HEUREUX sont les bons Princes
Dont le choix révéré
Assure à leur Provinces
Un Ministre éclairé,
Cheri du peuple juste
La voix de l'équité
Porte le couple auguste,
A l'immortalité.

Le tableau disparaît.

LE GÉNIE.

AIR : *Un Soldat sous un coup funeste.*

EN VAIN l'infame calomnie
Voulut l'écarter de ces lieux;
Tout cède à son heurenx génie,
Il vient plus grand, plus glorieux:
TOUJOURS plein de zèle,
Ce Ministre vole à nos cris:
Pour notre bien notre Roi le rappelle,
Vive Necker, vive Louis.

L'orchestre joue, vive Henry IV. Le Prince exprime encore son admiration.

Cependant la musique change d'effet & de ton orageuse ; dans le lointain, même, on entend gronder le tonnerre. . . . . Le Prince exprime, par les gestes le trouble qui l'agite . . . . Le Génie le rassure. L'orage cesse. *Mais enfin après l'orage on voit venir le beau temps.*

Le fond s'ouvre.

Dans le fond Henry IV relevant SULLY qui se jettait à ses pieds. Plus en avant, les Bustes de LOUIS XVI & de NECKER. Sur l'un des côtés, les trois Ordres réunis, chacun avec leurs attributs distinctifs. De l'autre côté, une foule de peuple portant à la main des Couronnes de laurier & d'olivier pour en couronner les Bustes du Roi & du Ministre.

LE GÉNIE.

AIR ; *Un Soldat sous un coup funeste.*

PEUPLE Français, dans cette image,
Apperçois-tu tout ton bonheur ?
A Louis rendons tous hommage
Qu'il regne à jamais dans le cœur.
CHANTONS tous ensemble,
Les trois Ordres sont réunis :
Pour notre bien, notre Roi les rassemble,
Vive Louis, vive Louis ! . . . *bis.*

LE PRINCE.

AIR : *Ce mouchoir ; belle Raimonde.*

CE tableau, que ton adresse
Presente à mes yeux séduits,
Porte la plus douce ivresse
Dans tous mes sens attendris.
Accorde, puissant Génie,
Encore un bienfait nouveau :
Si tu peux donner la vie,
Elle manque à ce tableau ! *bis.*

LE GÉNIE.

Même air.

JE cede à ta noble envie,
Et j'exauce tes souhaits ;
Je vais lui donner la vie,
Et faire agir ces portraits.
Des Héros, qu'ils représentent,
Je veux leur donner l'accent ;
Et que le seul mot qu'ils chantent,
Soit l'écho du sentiment. . . . *bis.*

Il fait un signe. La gaze, qui couvre les personnages, s'enleve. Le tableau s'anime. Henry IV vient auprès du Buste de Louis XVI, Sully auprès de celui de Necker. Les trois Ordres vont se placer sur l'estrade.

Le tout sur l'AIR : *Charmante Gabrielle.*

Ensuite on joue : *puis aussi-tôt un même cri s'élance*, & tous chantent. Vive le Roi, vive le Roi, vive à jamais, vive le Roi.

Un écriteau que tient un amour descend, on y lit en lettre de feu.

VIVE LE ROI ET LA NATION.

L'orchestre joue : *où peut-on être mieux*, &c.

Henry IV embrasse Sully. Le Peuple les imite. Les Bustes du Monarque & du Ministre sont couronnées d'une couronne de cœurs. Et la Piece finit par un chorus général : vive le Roi, vive le Roi, vive à jamais, vive le Roi.

COUPLETS D'AUTEUR.

LE GÈNIE.

AIR : *On prend femme de quarante ans.*

D'ABORD de la societé,
L'auteur montre la fausseté,
C'est ce qui le desole. . . . *bis.*

Mais d'un peuple plein d'équité,
Lorsqu'il depeint la Loyauté,
C'est ce qui le console. . . . *bis.*

LE PRINCE.

Même air.

Si de notre félicité,
Le tableau qu'il a présenté,
Fait aimer son école. . . . *bis.*
Daigner applaudir les tableaux;
De sa peine & ses travaux,
C'est ce qui le console. . . . *bis.*

FIN.

www.ingramcontent.com/pod-product-compliance
Ingram Content Group UK Ltd.
Pitfield, Milton Keynes, MK11 3LW, UK
UKHW022158190726
13855UKWH00004B/1533